예수를 따르는 삶
Life Following Jesus

이웃을 사랑하는 삶

평신도 양육교재
예수를 따르는 삶
이웃을 사랑하는 삶

발행일 : 초판 1쇄 인쇄 2008년 3월 21일
　　　　　초판 2쇄 인쇄 2011년 11월 10일
　　　　　개정판 1쇄 인쇄 2014년 3월 14일
발행인 : 우순태
편집인 : 유윤종
책임편집 : 강신덕
기획/편집 : 전영욱, 강영아
디자인/일러스트 : 최동호, 권미경, 오인표
홍보/마케팅 : 강형규, 박지훈
행정지원 : 조미정, 신지현

펴낸곳 : 도서출판 사랑마루
　　　　　서울시 강남구 테헤란로 64길 17(대치동)
대표전화 : TEL (02) 3459-1051~2/ FAX (02) 3459-1070
홈페이지 : http://www.eholynet.org, http://www.ibcm.kr
등록 : 2011년 1월 17일 등록번호/ 제2011-000013호
갑은 뒷표지에 있습니다. 잘못된 책은 구입하신 곳에서 교환해 드립니다.
ISBN : 978-89-7591-310-5 04230

Contents

평신도 양육교재 **예수를 따르는 삶**

발간사   5

일러두기   6

2단원(사랑) 이웃을 사랑하는 삶

1과   비판하지 않는 사랑   9

2과   이웃을 돌아보는 사랑   17

3과   용서하는 사랑   23

4과   사랑으로 하나되는 교회   29

5과   사랑을 행함으로 온전케 되는 믿음   36

- 교육과정개발 : 남은경
- 교재집필 : 조기주 정현숙
- 교재개정 : 박향숙

평신도 양육교재
예수를
따르는 삶
Life Following Jesus

1권	1단원 (생명)	구원 받은 삶
2권	2단원 (사랑)	이웃을 사랑하는 삶
3권	3단원 (회복)	은혜로 회복된 삶
4권	4단원 (공의)	하나님의 의를 실천하는 삶
5권	5단원 (생명)	생명을 살리는 삶
6권	6단원 (사랑)	관계가 풍성한 삶
7권	7단원 (회복)	세상을 회복하는 삶
8권	8단원 (공의)	하나님의 나라를 이루는 삶

발간사

평신도는 단지 예배 참석자가 아닙니다. 평신도는 목회의 동역자입니다. 평신도가 예수님의 제자로 세움을 입어서 주님의 명령(마 28:18-20)대로 가르쳐 지키게 하는 사명을 감당해야 합니다. 평신도들이 사역의 주체가 될 때, 아름다운 주님의 교회가 세워지고 하나님의 나라가 확장될 것입니다.

교단창립 100주년 교육사업의 일환으로 성결교회 평신도 제자화 교육과정을 개발하고 4종류의 교재를 만들었습니다. 그것은 '새신자교재→세례교재→양육교재→사역교재' 입니다. 교회에 처음 나온 새신자도 반드시 사역자로 양성하겠다는 의지가 담겨있는 시리즈 교재입니다. 이 교재에 담겨있는 핵심 키워드는 '구원→믿음→생활→사역' 입니다.

성결교회의 모든 신자들은 하나님의 은혜로 구원받아 온전한 믿음을 가지고 삶이 변화되어 주님의 사역자로 세움을 입어야 합니다. 교회에서는 새신자들이 새신자교육과 세례교육을 언제든지 받아서 온전한 신앙을 형성할 수 있도록 도와야 합니다. 그리고 양육과 사역교재를 통하여 평신도 사역자를 키워야 합니다. 만약 신앙연수가 오래되었지만 신앙이 성숙치 못한 신자가 있다면, 양육교재와 사역교재를 통하여 건강한 사역자로 세움을 입을 수 있을 것입니다.

성결교회의 새로운 100년을 맞이하면서 목회현장에 실제적으로 도움이 될 교재가 개발된 것은 참으로 기쁘고 감사한 일입니다. 앞으로 평신도들이 주님의 몸 된 교회의 주체가 되고, 역사의 책임 있는 존재가 될 수 있도록 돕는 교재들이 지속적으로 개발될 것입니다. 아름다운 주님의 비전을 꿈꾸며 새 역사의 주인공이 됩시다.

기독교대한성결교회 총무 우순태 목사

일러두기

성숙한 신앙인으로 양육하기

　　성숙한 신앙인은 세상 사람들의 눈으로 보기엔 불편하게 사는 사람일 것이다. '주님이 원하시는 삶은 어떤 것일까?' '주님은 이럴 때 어떤 결정을 내리실까?' '내가 진정한 주님의 제자라면 어떻게 행동해야 할까?' 라는 고민을 가지고 사물을 대하고 세상을 살아가기 때문이다. 하지만 궁극적으로는 세상에 대한 이러한 질문, 그리고 그 대답에 따라 불편하더라도 당당하게 살아나갈 때, 우리는 참다운 기쁨이 넘치는 삶을 살 수 있다는 것을 잘 알고 있다. 모든 성결교인들이 이러한 기쁨을 누리며 살기를 바란다. 이를 위하여 양육교재가 도움이 되기를 바라며, 몇 가지 사항을 일러두고자 한다.

　　첫째, 본 교재는 성인 양육을 위한 교재이다. 여기에서 성인은 법적으로, 사회적으로, 경제적으로 자립할 수 있는 사람이며, 생물학적으로 아이를 가질 수 있는 육체적으로 성숙한 사람이며, 심리학적으로 청년기를 지나고 삶의 특별한 과정을 경험한 사람이며, 교육적으로 그가 속한 사회와 문화가 마련한 어느 정도의 학교 교육을 성취한 사람이다. 또한 신앙인으로서 자신의 생애를 통하여 삶의 스타일(life style)을 형성해 가는 존재이며, 영적으로 성장 발달해 가는 존재이다.

　　둘째, 본 교재는 평신도를 위한 교재이다. 대부분의 내용은 일상생활에서 겪을 만한 상황이나 생각해 보아야 할 만한 주제와 내용을 담고 있다. 여기서 평신도의 의미는 단순히 교회의 구성원 중에서 평범한 사람을 의미하는 것이 아니라 교회의 대부분을 차지하는 구성원으로서 주님의 자녀이며, 제자이고, 교회를 교회되게 이끌어 가야하는 각 지체를 의미한다. 따라서 이 양육의 과정을 통하여 평신도는 더욱 성장하여 목회의 동역자로서 하나님께서 허락하신 사역의 한 부분을 감당할 수 있도록 성숙하여야 한다. 이 교재를 잘 마친다면 교회에서는 집사나 구역장 등의 역할을 맡겨도 될 정도의 훈련이 이루어질 것이다.

　　셋째, 본 교재 교육과정의 내용 범위는 교단의 사중복음을 서울신학대학교 성결교회신학연구회가 이 시대의 언어로 표현한 '생명', '사랑', '회복', '공의' 의 신학적 설명으로 한다. 그래서 이제까지 성결교회의 교육이 개인의 영혼 구원과 개인적 삶에 있어서의 성결에 집중하였다면, 이제는 사회의 보편 가치들에 대한 복음적 시각을 갖는 데까지 교육의 목표와 장(場)을 확대하고자 한다. 그래서 생활의 모든 영역에서 구체적인 문제와 사회적, 문화적, 윤리적, 정치적, 생태적 차원까지 다루고 있다.

넷째, 이 교재는 단순히 읽기용 책이나 답을 달기 위한 성경공부 교재가 아니라 모임의 참가자들이 함께 각 주제에 따라 고민하고, 결단하고, 실천하는 워크숍 교재에 가깝다. 따라서 참가자의 답 달기와 인도자의 답 해설에 의존하는 다소 구태의연한 성경공부 교재가 아니라 함께 목적을 위하여 삶을 연습해 가는 안내서이다. 이 교재를 바탕으로 서로 격려하고, 섬김을 베풀고, 감사를 표현하는 과정을 통해 더욱 풍성한 하나님의 은혜를 누리게 될 것이다.

이러한 본 교재를 가지고 모임을 인도하게 될 인도자는 비록 목회자이거나 지도자라고 할지라도 무엇인가 지식을 가르치려고만 노력하는 것은 바람직하지 않다. 물론 이 과정을 잘 인도하기 위해서 본 교재의 각 과가 이루고자 하는 목표와 그에 따르는 내용들에 대해서는 철저하고 꼼꼼하게 준비해야겠지만 자신이 깨달은 바를 참가자들도 스스로 깨달을 수 있도록 인도해야 한다. 뿐만 아니라 인도자와 학습자간의 나눔을 통해서 서로의 은혜가 더욱 풍성해 질 수 있도록 배려해야 한다.

이 교재를 통해 자신의 영적인 성숙을 기대하는 학습자들은 단순히 성경의 지식을 더 얻겠다는 정도의 생각으로 임하거나, 성경에서 답을 찾아 빈칸을 채우는 다소 수동적인 자세만을 보이는 것은 바람직하지 않다. 자신의 경험과 생각을 함께 나누고 인도자의 답을 기다리기 전에 먼저 고민하고 성경의 의미를 깨닫기 위해 노력해야 한다. 그리고 결국에는 이러한 모든 것들이 나의 일상생활에서도 실천될 수 있도록 노력하겠다는 다짐 속에서 생활에 임해야 한다.

본 양육교재는 모두 8권, 각 권당 5과 씩, 총 40개의 주제를 다룰 것이다. 적지 않은 양이기는 하지만, 신앙인들이 교회에서나 사회에서 부딪히게 될 모든 주제들이 다 다루어 진 것은 아니다. 하지만 이 40개의 주제를 다루며 배우고, 생각하고, 느끼고, 결단하고, 실천하는 과정을 통해서 한 단계 더 성숙된 신앙인으로 나아갈 수 있는데 도움이 되리라 생각한다.

본 교재를 바탕으로 한 평신도의 양육이 성공적으로 이루어져서 모든 성도들이 교회 뿐만 아니라 가정과 사회에서 주체적 존재가 되며, 성결교회의 교인으로서, 또한 그리스도의 제자로서 확고한 정체성을 갖으며, 마침내 이 땅 위에서 하나님의 뜻대로 살아가고 하나님의 나라를 이루어 내는 하나님의 사람으로 거듭나게 되기를 바란다.

2단원(사랑)

이웃을 사랑하는 삶

1

비판하지 않는 사랑

배울말씀　마태복음 7장 1-5절
새길말씀　네가 어찌하여 네 형제를 비판하느냐 어찌하여 네 형제를 업신여기느냐
　　　　　우리가 다 하나님의 심판대 앞에 서리라 (롬 14:10)

평신도 양육교재
관심갖기

난 괜찮은 사람이야!

아래의 이야기를 읽고 질문에 대답해 보십시오.

> 　박 집사는 누구보다도 열심히 신앙생활을 하는 사람입니다. 모든 공예배에 빠짐없이 참석할 뿐 아니라 성경을 읽고 배우는 일과 기도하는 일에 최선을 다합니다. 또한 매사에 주관이 뚜렷하고 분명합니다. 그래서 때때로 지나치게 자신의 의견을 고집하거나 다른 사람을 비판할 때가 있습니다. 자신의 생각과 다르거나 잘못됐다고 여기는 것에 대해서 날카롭게 지적하고 비판합니다.
> 　"김 집사, 요새 사업이 잘 안된다고? 그러게 열심히 기도 좀 하라고 했잖아. 쯧쯧쯧."
> 　"이 집사, 지금 당신의 행동은 옳지 않아. 예수 믿는 사람이, 그것도 집사가 그렇게 하면 되겠어?"
> 　박 집사는 이러한 비판적 성향 때문에 본의 아니게 다른 사람에게 상처를 주기도 합니다. 하지만 그는 자신이 이성적이고 꽤 괜찮은 사람이라고 생각합니다. 그는 사람들이 자신의 비판에 왜 그렇게 예민한지 이해할 수 없습니다. 오히려 그는 "잘못한 것을 잘못이라고 얘기하는데 왜 나빠? 비판 속에서 사람이 성장하는 것 아니야?"라고 반문합니다.

1. 박집사의 태도에 대해 어떻게 생각하십니까? "비판 속에서 사람이 성장한다." 는 박집사의 말에 동의하십니까? 혹은 나 자신이 그런 성향을 가지고 있습니까?

기억하기

평신도 양육교재

티와 들보

배울말씀을 잘 읽고 아래의 질문에 대답해 봅시다.

1. 예수님이 '하지 말라'고 하신 것과 '하라'고 하신 것이 무엇인지 찾아 적어 봅시다.

1) 하지 말라고 하신 것(마 7:1) :

2) 하라고 하신 것(마 7:5) :

2. 위의 질문에서 예수님께서 '하지 말라'고 하신 이유와 '하라'고 하신 이유는 각각 무엇입니까?

1) 하지 말라고 하신 이유(마 7:2)

2) 하라고 하신 이유(마 7:5)

3. 예수님이 말씀하신 외식하는 자는 어떤 사람입니까?(마 7:3)

1. 다른 사람과 관계를 맺고 살아갈 수밖에 없는 인간이 다른 사람에 대해 아무런 비판이나 판단을 하지 않고 살 수 있을까요? "비판하지 말라"고 하신 예수님 말씀의 의미는 무엇일까요? (약 4:11)

2. 단지 내가 비판받지 않기 위해서 비판하는 것을 금지해야 할까요? 함부로 비판하지 말아야 할 보다 본질적인 이유는 무엇일까요? (롬 2:1, 14:10)

3. 다음은 요한복음 8장 3–11절에 나오는 이야기입니다. 이 이야기를 통해 알 수 있는 비판의 기준은 무엇인가요?

> 서기관들과 바리새인들이 음행 중에 잡힌 여자를 끌고 와서 가운데 세우고 예수께 말하되
> "선생이여, 이 여자가 간음하다가 현장에서 잡혔나이다. 모세는 율법에 이러한 여자를 돌로 치라 명하였거니와 선생은 어떻게 말하겠나이까?"
> 그들이 이렇게 말함은 고발할 조건을 얻고자 하여 예수를 시험함이러라.

예수께서 몸을 굽히사 손가락으로 땅에 쓰시니 그들이 묻기를 마지 아니하는지라.
이에 일어나 이르시되

"너희 중에 죄 없는 자가 먼저 돌로 치라."

하시고 다시 몸을 굽혀 손가락으로 땅에 쓰시니 그들이 이 말씀을 듣고 양심에 가책을 느껴 어른으로 시작하여 젊은이까지 하나씩 하나씩 나가고 오직 예수와 그 가운데 섰는 여자만 남았더라.

예수께서 일어나사 여자 외에 아무도 없는 것을 보시고 이르시되

"여자여, 너를 고발하던 그들이 어디 있느냐. 너를 정죄한 자가 없느냐?"

대답하되 "주여, 없나이다."

예수께서 이르시되

"나도 너를 정죄하지 아니하노니 가서 다시는 죄를 범하지 말라." 하시니라.

4. 당신의 비판과 판단을 흐리게 하는 숨겨진 들보는 무엇입니까? 잘못된 판단 혹은 비판 때문에 다른 사람에게 상처를 주거나 받은 경험이 있습니까?

그리스 신화에 나오는 이야기이다. 프로크루스테스라는 날쌔고 교활한 강도가 아티카라는 지방에 살면서 자기 영지를 지나가는 나그네를 잡아 쇠 침대 위에 누이고 결박했다. 그는 나그네의 키가 침대보다 길면 잘라내어 죽이고, 짧으면 몸을 잡아 늘여 침대 길이에 맞추어 죽였다고 한다. 그래서 이 '프로크루스테스의 침대'라는 말이 오늘날 융통성이 없다는 뜻의 관용구가 되었다. 이와 같이 자신만의 잣대를 가지고 남을 제멋대로 판단하고 비판하는 것은 다른 사람들에게 상처를 주거나 심지어 그를 죽이는 결과를 낳을 수도 있다.

한편 자기를 사랑하고 귀히 여기는 건강한 자존감은 죄가 아니다. 그러나 자신의 의로움을 드러내기 위해 혹은 자기정당화를 위해 다른 사람을 비판하고 정죄하기 시작할 때 이것은 자존감의 영역을 넘어선 교만의 시작이다.

함께읽기 남을 함부로 비판하는 사람의 심리적 특징

① 우월감: 다른 사람보다 내가 더 낫다는 생각. 우월감을 가진 사람은 자기보다 못한 사람을 무시한다.

② 의인의식: '나는 옳은데, 네가 틀렸다.'고 생각하는 것. 이런 사람은 아무리 말씀을 들어도 자기와 관계 없다고 생각한다(사 6:9).

③ 이기주의: 다른 사람이야 어떻게 되든 상관하지 않고 자기 자신이나 자기가 속해 있는 작은 집단의 이익만을 생각하고 행동하는 것을 의미한다.

④ 열등감: 열등감이 있는 사람은 비판을 함으로 자기만족을 얻어 보려는 심리가 강하게 작용한다. 즉 자기의 약점을 감추거나 자기의 불의한 행동을 정당화하기 위해 상대방을 비판한다. 이런 사람은 타인의 장점이나 능력을 인정하지 않을 뿐 아니라 자신의 기쁨이나 은혜를 다른 사람과 나누지 못한다.

자아성찰

1. 나 돌아보기

아래의 질문을 읽고 질문에 대답해 봅시다.

① 나는 다른 사람을 외모(능력, 재능, 물질, 명예, 학력, 생김새 등)로 판단한 적이 있다.

    그렇다 ——————— 잘 모르겠다 ——————— 아니다

② 나는 내 능력을 과시하거나 나를 정당화하기 위해 다른 사람을 비판하고 판단한 적이 있다.

    그렇다 ——————— 잘 모르겠다 ——————— 아니다

③ 나는 항상 내 판단기준이 옳다고 여기고, 그 기준대로 다른 사람을 평가하고 비판한다.

    그렇다 ——————— 잘 모르겠다 ——————— 아니다

④ 나는 나 자신에게는 너그럽고 관대하지만 남에게는 엄격하게 판단하고 비판한다.

    그렇다 ——————— 잘 모르겠다 ——————— 아니다

⑤ 나는 마지막 심판 날에 하나님 앞에서 당당하게 칭찬받을 자신이 없다.

    그렇다 ——————— 잘 모르겠다 ——————— 아니다

2. 비판하는 말에서 격려하는 말로!

내가 평소에 다른 사람에게 자주 표현하는 비판이나 말은 어떤 것입니까? 그리고 그런 것들을 어떻게 긍정적이고 격려하는 말로 바꿀 수 있을까요?

예) "김 집사, 요새 사업이 잘 안된다고? 그러게 열심히 기도 좀 하라고 했잖아."
→ "김 집사, 요새 사업이 잘 안된다고? 걱정하지 말고 힘내. 내가 함께 기도해 줄게."

① ....

→ ....

② ....

→ ....

③ ....

→ ....

새길말씀 외우기

네가 어찌하여 네 형제를 비판하느냐 어찌하여 네 형제를 업신여기느냐 우리가 다 하나님의 심판대 앞에 서리라 (롬 14:10)

결단의 기도

거룩하신 하나님, 지금까지 나의 관점, 나의 생각으로 성급하게 남을 비판하였던 교만과 어리석음을 용서하여 주소서. 이제까지의 잘못을 회개하고 앞으로는 거룩하신 하나님 앞에 진실하고 겸손하게 살기를 원합니다. 남의 잘못과 실수를 판단하고 비판하기에 앞서 나의 모습을 먼저 하나님의 말씀에 비춰볼 수 있는 너그러움과 여유를 갖게 하소서. 혹시라도 제 눈에 비친 그들의 잘못된 모습이 사실이라면 주님의 마음으로 그들을 품게 하시고 그들을 위해 기도하게 하소서. 예수님의 이름으로 기도 드립니다. 아멘.

2
평신도 양육교재

이웃을 돌아보는 사랑

배울말씀 누가복음 10장 25~37절
새길말씀 대답하여 이르되 네 마음을 다하며 목숨을 다하며 힘을 다하며 뜻을 다하여
주 너의 하나님을 사랑하고 또한 네 이웃을 네 자신 같이 사랑하라 하였나이다
(눅 10:27)

관심갖기
평신도 양육교재

무관심의 시대

아래의 이야기를 읽고 질문에 답해 봅시다.

> 간선도로변의 상점에 2인조 괴한이 침입, 주인 부부를 15분간 폭행한 사건이 발생했다. 그런데 이 일대를 지나던 30여 명의 시민들이 이를 구경만 하는 바람에 범인들이 그대로 달아나 '이웃에 대한 무관심'을 단적으로 보여 주었다. 주인은 자신이 범인 중 한 명의 바지 자락을 붙잡고 주위 사람들에게 '도와 달라'고 통사정했지만 어느 누구도 관심을 보이지 않았다고 말했다. 뒤늦게 출동한 경찰이 목격자 진술을 받기 위해 시민들에게 협조를 요청했으나 그 자리에 있던 사람들이 모두 '집에 가야 한다.', '급한 일이 있다.'며 자리를 떠 목격자 진술마저 받지 못했다.

1. 위의 기사를 읽고 어떤 느낌이 드십니까? 현장을 목격한 30여 명의 시민들은
   왜 아무도 관심을 보이지 않았을까요?

2. 이기주의와 무관심에 대한 또 다른 이야기나 경험을 간단하게 나누어 봅시다.

평신도 양육교재
기억하기

강도 만난 자의 이웃

1. 율법학자가 예수님께 드린 두 가지 질문은 무엇입니까? (눅 10:25, 29)

2. 율법학자의 질문에 대한 예수님의 대답은 무엇입니까? (눅 10:28, 37)

3. 비유에 나오는 사마리아인을 선하다고 부르는 이유는 무엇입니까? (눅 10:33-35)

참된 이웃사랑

1. 하나님을 사랑하는 것과 이웃을 사랑하는 것은 따로 분리하여 생각할 수 없습니다. 왜 그럴까요? (요일 4:20–21; 마 25:40)

2. 율법사의 "내 이웃이 누구입니까?"라는 질문과 예수님의 "누가 강도 만난 자의 이웃이 되겠느냐?"는 질문을 비교해 봅시다. 율법사와 예수님의 이웃관은 어떻게 다릅니까? (눅 10:29, 36)

   ① 율법사의 질문 "내 이웃이 누구입니까?"

   ② 예수님의 질문 "누가 강도 만난 자의 이웃이 되겠느냐?"

3. 사마리아인의 비유를 통해 알 수 있는 참된 이웃은 '도움을 필요로 하는 모든 사람에게 자비를 베푸는 사람'입니다. 이렇게 참된 이웃사랑을 실천하기 위해 우리는 어떠한 태도를 가져야 합니까?

4. 기독교인으로서 당신은 이웃 사랑을 얼마나 실천하며 살아왔습니까? 다음 글을 읽고 이웃에 대해 무관심했던 우리의 모습을 반성하고, 이기주의와 무관심을 극복할 수 있는 방법이 무엇인지 생각해 봅시다.

내가 배고플 때 당신은 인도주의 클럽을 만들어 내 배고픔을 주제로 토론을 벌였습니다.

내가 헐벗었을 때 당신은 마음속으로 내 벗은 모습의 도덕성에 대해 논쟁을 벌였습니다.

내가 병들었을 때 당신은 무릎을 꿇고 당신이 건강한 것을 하나님께 감사드렸습니다.

내가 집 없이 떠돌아다닐 때 당신은 내게 하나님의 사랑의 은신처에 관한 설교를 해 주었습니다. 그러나 나를 집으로 데려다 주지는 않았습니다.

내가 외로울 때 당신은 나를 위해 기도하려고 나를 홀로 있게 했습니다.

당신은 너무나 거룩하고 하나님과 너무나 가까이 있지만,

나는 여전히 춥고 배고프고 외롭고 고통스럽습니다.

『내 인생을 바꾼 100가지 이야기 중에서』

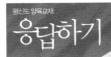
1. 아래 글은 어느 해 겨울, 한 텔레비전 뉴스에서 보도된 내용입니다. 이 글을 읽고, 지금 '내'가 찾아가서 이웃이 되어주어야 할 사람은 누구인지 생각해 봅시다.

> 올해는 기습한파와 폭설이 예상된다는 기상청의 예보가 있었습니다. 그래서인지 여느 해보다 겨울의 무게가 훨씬 무겁게 시작되는 것 같은데요. 여기, 겨울의 짐을 함께 나누는 사람들이 모였습니다.
>
> 100% 후원으로 운영되고 있는 연탄은행에서는 연탄을 사용하는 어려운 계층을 위해서 연탄을 나눠주며 사랑의 실천운동을 펼치고 있다고 합니다. 대부분의 가정이 가스나 석유로 난방을 하고 있지만, 고유가 시대에 접어들어 연탄을 연료로 하는 가정이 늘고 있습니다. 안타깝게도 이 가정들은 대부분 언덕이나 산 같이 높은 지역에 있어서 연탄 값보다 배달비가 더 들기 때문에 연탄을 구입할 엄두도 내지 못합니다. 김화봉(74) 할아버지는 "1~2천 원 벌어서는 연탄을 뗄 수가 없어요. 이렇게 봉사해 주시니까 고맙고 감사하지요."라고 고마움을 표했습니다.
> 경기도 군포의 한 물류센터에 있는 컨테이너 박스 4개 분량의 이 이불들은 한 기업에서 어려운 이웃들을 위해 마련한 것이라고 합니다. 행사를 준비한 홈쇼핑 관계자의 말에 따르면, 겨울철에 많은 독거노인들이 이불이 부족하다는 얘기를 듣고 1만 명 분의 이불을 지원하고자 행사를 마련했다고 합니다.
> 이렇게 해서 이불이 배달된 서울 양평동의 김예순 할머니 댁에 찾아가 봤습니다. 가족들이 뿔뿔이 흩어진 후 두 번째로 맞는 겨울. 자식 걱정에 웃음을 잃었던 김예순 할머니, 복지사가 전달하는 두툼한 이불에 모처럼 표정이 밝아집니다. 나눌수록 커지는 사랑, 더해지는 희망. 영하의 추위도 고된 세상살이도, 이웃과 함께하는 사랑에는 꺾이고 만다는 것을 잊지 말아야겠습니다.

2. 교회 혹은 주변에서 참된 이웃사랑을 실천하는 모임이나 활동이 있는지 찾아봅시다. 그리고 그 중 한 곳을 택하여 이웃사랑을 실천해 봅시다.

새길말씀 외우기

대답하여 이르되 네 마음을 다하며 목숨을 다하며 힘을 다하며 뜻을 다하여 주 너의 하나님을 사랑하고 또한 네 이웃을 네 자신 같이 사랑하라 하였나이다 (눅 10:27)

결단의 기도

사랑과 긍휼이 풍성하신 하나님, 주님을 믿는다고 하면서도 주님의 뜻대로 살지 못하고, 나 자신만을 생각하고 다른 사람의 아픔과 어려움에 관심을 갖지 못했던 저를 용서하여 주옵소서. 이제부터는 주님의 마음과 주님의 태도를 닮아가기를 소원합니다. 주님께서 사람들을 바라보시는 긍휼과 사랑의 눈으로 이웃을 바라보게 하옵소서. 한정된 이웃관과 이웃을 대하는 저의 잘못된 태도를 바꾸어 주옵소서. 강도 만난 자의 이웃이 되어주었던 사마리아인처럼 도움이 필요한 이웃에게 관심을 갖고 다가갈 수 있는 힘을 주시고 사랑을 베풀고 섬기는 삶을 살게 하여 주옵소서. 예수님의 이름으로 기도합니다. 아멘.

용서하는 사랑

배울말씀 마태복음 18장 21-35절

새길말씀 서로 친절하게 하며 불쌍히 여기며 서로 용서하기를 하나님이 그리스도
안에서 너희를 용서하심과 같이 하라 (엡 4:32)

평신도 양육교재
관심갖기   아름다운 용서

다음에 나오는 이야기를 읽고 질문에 대답해 봅시다.

> ### '현대판 손양원' 고정원 씨의 지고한 사랑, "용서"
>
> 엽기살인마 유영철의 연쇄살인 행각에 가족 셋을 한꺼번에 잃고도 그를
> 용서한 후 양자로 삼겠다는 사람이 있어 훈훈한 화제를 불러일으키고 있다.
> 고정원(64) 씨는 유영철에 의해 노모와 아내, 그리고 4대 독자인 아들을 잃
> 었다. 고 씨는 서울 종로구 구기동에 자신이 직접 설계하고 건축한 집에서
> 노모(당시 85세)를 모시고 아내와 아들과 함께 단란한 가정을 꾸리고 있었
> 다. 그런데 2003년 10월 9일, 유 씨가 휘두른 흉기에 의해 가족이 무참히
> 살해됐다. 빌딩 주차관리원으로 일하던 고 씨는 퇴근 후 평생 지울 수 없는
> 참담한 현장을 직접 목격한 뒤 '얼굴 없는 범인'을 향한 분노에 밤잠을 이룰
> 수 없었다고 한다. 도대체 왜 이런 일이 자신에게 일어났는지 세상이 온통
> 원망스럽기만 했다. 그리고 그토록 찾았던 범인이 자신의 가족과 아무 관
> 계가 없는 유 씨로 밝혀지자, 고 씨는 자살을 결심하기도 했다. 그러나 결
> 국 고 씨는 서울지방경찰청장과 재판부 앞으로 각각 편지를 보내 '사형만은
> 면하게 해 달라'고 유영철에 대한 선처를 호소했다. 그리고 이후에 "내 가족
> 과 아들을 죽인 자이지만 하나님의 뜻으로 생각하고 그를 양자로 삼고 싶

다."며 세상을 또 한 번 놀라게 했다. 그는 유 씨의 아들과 딸을 친손자, 친손녀처럼 돌봐주고 싶다는 의견도 피력했다. 유 씨는 고 씨의 마음을 전해 듣고 나서 자신을 교화시키려고 애써 온 조성애 수녀에게 보낸 참회 편지에서 고 씨에 대한 고마움을 표시했다.

"고정원 님처럼 사랑의 끝이 어디까지인가를 보여주시는 분이 계시기에 그저 놀라울 뿐입니다. 그분과 인연을 맺고 계시다니 나중에라도 이 못난 사람의 글 좀 전해 주십시오. 너무나 죄송하고 감사한 마음에 놀랄 수도 없을 정도로 많은 감동이 앞섭니다." (www.kidok.net)

1. 위의 이야기를 읽고 난 후 어떤 느낌이 드시나요? 만일 당신이 고정원 씨와 같은 상황에 처한다면 어떻게 행동하시겠습니까?

2. 당신에게 있어서 용서하는 일은 쉽습니까, 아니면 어렵습니까? 그 이유는 무엇입니까?

평신도 양육교재
기억하기
용서하지 않은 종

1. 베드로가 생각한 용서의 횟수와 예수님이 말씀하신 용서의 횟수의 차이점은 무엇입니까? (마 18:21, 22)

2. 본문의 비유에서는 다른 사람을 용서해주는 것을 어떻게 묘사하고 있습니까?
   (마 18:27)

3. 일만 달란트에 달하는 빚을 모두 탕감해 준 주인이 노하여 그 종에게 벌을 내
   린 이유는 무엇입니까? (마 18:33)

4. 하나님께 용서받은 자로서 다른 사람을 진심으로 용서하지 않으면 어떤 결과
   가 생길까요? (마 18:35)

평신도 양육교재
반성하기   진정한 용서

1. 진심으로 형제를 용서한다는 것은 무엇을 의미합니까?

2. 나에게 상처와 고통을 준 사람을 용서하는 일이 쉽지는 않습니다. 그럼에도 내
   가 다른 사람을 용서해야 하는 근거(이유)는 무엇입니까? (엡 4:32; 골 3:13)

3. 예수님은 하나님께서 우리를 용서하신 것 같이 우리도 다른 사람을 용서하라고 말씀하십니다. 그렇다면 용서 받은 자로서 우리가 할 수 있는 가장 어렵고도 큰 용서는 무엇일까요? (마 5:44)

4. 당신은 하나님의 용서를 받은 자답게 살고 있습니까? 당신이 가장 용서하기 어려운 대상은 누구이고 그 이유는 무엇입니까?

함께읽기 신학자 트레이너(M. Trainer)가 용서를 세 가지로 정리해 놓았다.

1) 역할 기대적 용서(role-expected forgiveness): 주위에서 용서하기를 기대하기 때문에 용서하는 것으로, 겉으로는 용서하는 행동을 보이지만 내부적으로는 불안, 두려움, 분노 등이 남아있는 용서이다.

2) 방편적 용서(expedient forgiveness): 상대방을 처벌하는 한 가지 방편으로 용서를 이용하는 것으로, 이 역시 겉으로는 용서하는 행동을 보이지만 내부적으로는 상대방에 대해 멸시와 적의를 가지는 경우이다.

3) 본질적인 용서(intrinsic forgiveness): 진정한 용서로, 내게 상처를 입힌 사람에게 호의적인 행동을 보일 뿐만 아니라, 태도나 감정에서도 내적인 변화가 일어나는 것을 의미한다. 즉 용서는 무조건적으로 이루어져야 하는 것으로, 행동뿐만 아니라 정서나 사고가 긍정적인 방향으로 변하는 것을 의미한다. 또한 상대방의 입장에서 생각하면서 상대방을 이해하고 사랑하려고 노력하는 등의 능동적인 방법을 사용해야 한다고 본다.

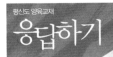

응답하기

용서의 기도

주어진 설명에 따라 용서의 기도를 드리는 시간을 진행해 봅시다.

준비물

빨강색 하트 모양의 종이, 필기도구, 성냥이나 라이터, 작은 화로(화로가 없을 때는 스테인리스 그릇을 쿠킹호일로 싸서 종이를 태울 수 있는 그릇을 준비합니다.)

진행방법

1. 각자 빨간색 하트 모양의 종이를 한 장씩 받습니다.
2. 자신이 용서해야 할 사람(혹은 지금까지 용서하지 못하고 있는 사람)을 생각한 후, 그 사람을 용서하게 해달라고 기도문을 씁니다.
3. 다 같이 둥글게 원을 만들고 가운데에 그릇을 놓은 뒤, 자신의 기도문을 접어서 그릇에 담습니다.
4. 한 사람이 나와 그릇에 있는 편지들에 불을 붙여 태웁니다.
5. 그릇에 있는 편지들이 타는 동안 자신의 기도문대로 그 사람을 용서하여 상처와 고통에서 벗어나게 해 달라고 간절히 기도합니다.
6. 통성기도 후에 인도자가 대표로 기도하고 마칩니다.
7. 한 주간 동안 마음속으로 미워했던 그 사람에게 용서와 화해를 구하는 편지를 쓰거나 전화 혹은 문자 메시지를 보내는 과제를 합니다.

용서하지 말았어야 할 가장 큰 이유를 지닌 자가 용서하기 위해 가장 큰 대가를 지불했습니다.

예수님은 용서하는 것을 가능케 하기 위해 죽으셨습니다.

그리고 이를 통해 하나님은 당신을 용서하셨습니다.

우리에게 있어서 용서는 단순히 정신적인 결정에 불과합니다.

그러나 그리스도에게 있어서 그것은 생사가 달린 결정이었습니다.

그는 당신에게 생명을 주기 위해 죽음을 택하셨습니다.

만일 그리스도께서 당신이 그에게 진 빚을 탕감해 주셨다면 당신이 무엇이기에 남이 당신에게 진 빚을 탕감하기를 거절하겠습니까?

더욱이 당신이 당한 고통을 끌어안고 있다 하여 무엇이 유익하겠습니까? 그 고통을 지금 당장 벗어 던지는 것이 더욱 유익하지 않겠습니까?

새길말씀 외우기

서로 친절하게 하며 불쌍히 여기며 서로 용서하기를 하나님이 그리스도 안에서 너희를 용서하심과 같이 하라 (엡 4:32)

결단의 기도

거룩하시고 자비로우신 하나님, 죽을 수밖에 없는 저를 긍휼히 여기시고 사랑하시어 예수 그리스도를 통해 저의 죄를 용서하시고 구원해주신 은혜에 감사를 드립니다. 그런데 그 크신 은혜와 용서를 받았음에도 때때로 다른 사람을 용서하지 못하고 상처받고 미워하고 분노했던 저를 용서해주시옵소서. 하나님이 얼마나 큰 용서를 베풀어주셨는지, 큰 죄인인 제가 얼마나 큰 은혜를 입었는지 다시 한번 깨닫게 하시니 감사합니다. 이제 주께서 말씀하신 것처럼 용서하는 삶을 살기를 원합니다. 저의 하루하루의 삶 속에서 형제를 용서할 수 있는 마음을 허락하시고 제 안에 용서의 기쁨이 있게 하옵소서. 예수님의 이름으로 기도합니다. 아멘.

사랑으로 하나되는 교회

배울말씀　고린도전서 12장 12–27절

새길말씀　몸이 하나요 성령도 한 분이시니 이와 같이 너희가 부르심의 한 소망 안에서

　　　　　　부르심을 받았느니라 (엡 4:4)

평신도 양육교재
관심갖기

분열, 교회의 아킬레스건

아래의 이야기를 읽고 질문에 대답해 보십시오.

> 독일 쾰른 시내 중심가에서 큰 레스토랑을 운영하는 교민의 이야기이다. 이분은 청년시절 한국의 보수적인 장로교회에서 신앙생활을 시작하여 세례 받을 준비를 하고 있었다. 그런데 그 교회에 문제가 생겨 분열이 일어나게 되었다. 그것은 교회 지하실에 탁구대를 설치하느냐 마느냐를 두고 교인들 사이에 다툼이 생긴 일이었다. 한쪽은 교회 청년들의 친교와 건강을 위해 좋다고 주장했고, 다른 쪽은 거룩한 주일에 무슨 탁구를 치냐며 거세게 반대했다. 이 문제가 수습되지 못하고 확대되어 결국 교회에 큰 분란이 일어났다. 이런 어처구니없는 상황을 가까이서 지켜보던 이 청년도 큰 실망과 함께 교회에 환멸을 느껴 세례 받는 것을 포기하고 교회를 떠났다.
>
> 『하나 됨의 비전』(최용준 저)중에서

1. 위의 이야기에서 교인들이 다투고 분열된 원인이 무엇입니까? 이에 대해 당신은 어떤 느낌(혹은 생각)이 드십니까?

2. 오늘날 교회가 안고 있는 가장 큰 문제 가운데 하나가 분열입니다. 분열과 다툼과 분쟁이 개인 혹은 교회에 어떤 영향을 끼칩니까?

평신도 양육교재
기억하기

다양성 속의 일치

1. 고린도교회의 성도들이 나뉘고 서로 다투게 된 이유는 무엇입니까?
   (고전 1:11-12)

2. 예수 그리스도를 믿는 사람들은 어떻게 해서 한 몸이 되었습니까?
   (고전 12:13)

3. 한 몸 안에 있는 지체들이 모두 소중하고 귀한 존재인 이유는 무엇입니까?
   (고전 12:21-24)

   1) 21절 :

   2) 22절 :

   3) 23절 :

   4) 24절 :

4. 하나님은 그리스도의 지체들이 어떻게 지내기를 원하십니까?
   (고전 12:25-26)

반성하기

힘써 하나되자

1. 교회를 '그리스도의 몸'이라고 부르는 것은 어떤 의미를 갖습니까?
   (엡 4:16; 고전 12:26)

2. 교회의 하나됨의 근거는 무엇입니까? (엡 4:4-6)

3. 하나님은 교회가 지체(직분, 은사)의 다양성을 유지하면서도 한 목적을 위해
   하나될 것을 말씀하십니다. 그 목적은 무엇입니까? (엡 4:12)

4. 교회공동체에서 일어날 수 있는 다툼과 분열을 막고 하나로 연합하기 위해서
   는 어떻게 해야 합니까? (엡 4:3)

5. 당신은 교회 안에서 지체들 사이에 다툼이나 갈등이 생겼을 때 어떻게 해결합
   니까? 또한 당신은 그리스도의 몸 된 교회의 지체로서 교회를 하나되게 하고
   온전히 세워가기 위해 어떤 역할을 감당할 수 있습니까?

미국의 랜돌프 로우리(L. Randolf Lowry) 박사에 의하면 사람들은 갈등해소를 위해 아래의 5가지 방법을 택한다고 한다.

① 회피

이 방법은 개인의 목표를 성취할 수 있으나 동시에 인간관계를 유지하는 것은 불가능하다. 이 유형에 속한 사람은 자신의 의견을 완강히 주장하지도, 다른 사람들을 도와주지도 않는다. 회피는 가장 적은 노력이 들지만 갈등이 가장 오래 남아 엄청난 비용을 치르게 된다.

② 적응

적응은 비록 자신의 목적을 양보해야 할지라도 인간관계를 유지하고 싶은 높은 욕구를 보인다. 적응하려는 사람은 자신이 문제를 일으켰을 때 죄책감을 느낀다. 이들은 다른 사람들에게 인정받으려는 높은 욕구 때문에 상황에 적응하여 갈등의 해법을 찾으려 한다.

③ 경쟁

경쟁은 이기느냐 지느냐 하는 갈등해소 방식이다. 인간관계를 파괴시키는 한이 있다 하더라도 개인의 목표를 성취하고자 강한 열망을 갖는 것이 그 특징이다. 이 유형의 사람은 개인의 목표를 성취하기 위해 어떤 것도 기꺼이 희생할 각오가 되어 있다.

④ 타협

이 방법을 쓰는 사람은 문제 해결을 위해서는 경쟁을 원하지만 사람들과 관계를 유지를 위해서는 기꺼이 타협하고자 한다. 이 방식은 모든 이들의 공통 이익을 위해서 개인의 욕망의 일부를 포기해야 한다고 생각한다. 타협은 각 그룹들과의 관계를 위험에 빠뜨리지 않은 채 목적 달성을 가능케 할 수 있지만, 완전히 마음이 내키지 않은 채 참는 것이므로 새로운 문제들이 숨어 있어 좌절감이나 환멸감을 느끼게 될 수 있다.

⑤ 협동

협동은 '인간관계'와 '개인의 목표'를 모두 중요시 여기는 방법이다. 갈등을 겪고 있는 적대자를 뛰어넘어 각 단체의 진정한 요구를 이해하고 모두를 만족시키는 해결책을 찾을 수 있는 창조적인 과정이다.

응답하기

애찬식 & 중보기도

그리스도의 지체로서 하나가 되는 경험을 하기 위해 애찬식과 중보기도를 실행합니다. 그리스도의 살과 피를 함께 나누는 애찬식을 함께하면서 그리스도의 몸이요 지체로서 서로에 대한 시기와 분쟁이 없이 하나가 될 것을 다짐하고, 중보기도를 통해 하나 됨을 위한 각자의 기도제목을 내놓고 함께 기도합시다.

1. 애찬식

   준비물 포도 음료와 식빵(덩어리)

   방법

   1) 인도자가 성경 마태복음 26장 26-29절까지의 말씀을 소리내어 읽습니다.

   2) 조용한 음악이 흐르는 가운데 인도자가 진행에 따라 빵과 포도 음료를 서로에게 권한 후, 떼어서 먹여줍니다. 이 때 인도자는 '이 짧은 예식을 통해 우리를 사랑하셨던 예수님을 기억하자'고 애찬식의 의미를 설명해 줍니다. 그리고 참석자들은 서로 음식을 먹여 주면서 옆에 있는 지체에게 다음과 같이 고백합니다. "우리를 사랑하시는 예수님의 그 사랑을 배워 저도 ○○○를 사랑합니다."

   3) 음식을 나눈 후, 자리로 돌아와 '주님의 사랑으로 우리가 하나가 되게 해 주세요.'라는 기도제목으로 묵상의 기도를 합니다.

   4) 기도를 마친 후 인도자의 선창에 따라 "우리는 주 안에서 하나입니다."를 세 번 고백합니다.

2. 하나됨을 위한 중보기도

   1) 각자 자리에 앉은 후 준비된 기도제목 카드에 하나됨을 위한 각자의 기도제목을 적습니다.

   예) 모은 지체를 소중하고 귀히 여기시는 주님의 마음으로 나와 다른 지체를 바라보게 하옵소서.

내 안에 있는 자기중심적이고 이기적인 마음을 버림으로 사단의 시험에 들지 않게 하옵소서.

우리 교회가 주 안에서 하나되어 온전히 세워지는 데 제가 걸림돌이 되지 않게 하옵소서.

우리 교회가 한 마음 한 뜻이 되어 부흥하고 성장하게 하옵소서.

우리 교회를 하나되지 못하게 하는 ○○문제를 해결하여 주옵소서.

2) 각자 적은 기도제목을 돌아가면서 발표합니다. 발표 후 인도자가 기도제목 카드를 모읍니다.

3) 서로 손을 잡고 둥글게 원을 만들어 앉은 뒤, 한 사람을 원 안에 앉게 하고 인도자가 그 사람의 기도제목 카드를 다시 한 번 읽어준 뒤, 이를 위해 다함께 손을 얹어 중보기도합니다. (이 과정을 반복합니다.)

4) 모든 사람이 기도를 마치면 마지막으로 인도자가 마무리기도를 하고 마칩니다.

하나됨을 위한 나의 기도제목

이름:

1. _____

2. _____

3. _____

너희는 그리스도의 몸이요 지체의 각 부분이라 (고전 12:27)

결단의 기도 ··

거룩하신 하나님, 우리를 부르시어 그리스도의 몸을 이루는 지체가 되게 하심을 감사합니다. 그러나 때때로 주님의 뜻을 따르지 못하고 육신에 속하여 사람의 뜻을 따라 행했기에 시기하고 분쟁하며 하나되지 못했음을 고백합니다. 그러나 주님, 우리 모두 성령 안에서 하나되기를 원하시는 주님의 뜻을 깨닫게 하시니 감사합니다. 우리들 각자가 하나님께서 세워주신 소중한 지체임을 알게 하여 주옵소서. 또한 우리가 세우는 어떤 명분이나 주장이 십자가 앞에서는 아무것도 아님을 깨닫게 해주옵소서. 그리하여 겸손함과 진실함으로 지체들을 대하게 하시고, 서로 섬기고 사랑함으로 성도를 온전케 하고 그리스도의 몸인 교회를 세워나가는 지체들이 되게 하여 주옵소서. 예수님의 이름으로 기도합니다. 아멘.

사랑을 행함으로 온전케 되는 믿음

배울말씀 야고보서 2장 14-26절

새길말씀 사랑하는 자들아 우리가 서로 사랑하자 사랑은 하나님께 속한 것이니 사랑하는
자마다 하나님으로부터 나서 하나님을 알고 사랑하지 아니하는 자는 하나님을
알지 못하나니 이는 하나님은 사랑이심이라 (요일 4:7-8))

관심갖기
평신도 양육교재

믿음 따로 행동 따로

"한국교회 위기 최대 원인은 신앙실천 부족"

한국기독교목회자협의회의 '2012 한국인의 종교생활과 의식 조사'에서 제주를 제외한 전국의 목회자 500명을 대상으로 별도의 개별 면접조사 등의 조사 결과, 한국교회의 가장 큰 문제점으로 신앙의 실천 부족(31.0%), 지나친 양적 성장 추구(27.6%), 목회자의 자질 부족(14.8%) 등을 꼽았

목회자들이 생각하는 한국교회의 가장 큰 문제점
(단위:%)

신앙의 실천부족	지나친 양적성장 추구	목회자의 자질부족
31.0	27.6	14.8

다. 48.6%의 목회자가 한국교회가 신뢰를 회복하기 위해서는 교인과 교회 지도자들의 언행불일치부터 개선해야 한다고 지적했다. (후략)

2013년 1월 30일 국민일보 최승욱 기자

1. 위의 설문에서 한국 교회 위기의 원인에 대한 답으로 응답자들이 '신앙의 실천 부족'을 첫 번째로 꼽았습니다. 당신은 이 결과에 동의하십니까? 또한 이러한 '신앙의 실천 부족'으로 인해 야기되는 악영향은 무엇입니까?

2. 성도들에게서 볼 수 있는 신앙과 삶이 일치하지 않는 모습에 어떤 것들이 있습니까? 그리고 그렇게 된 이유가 무엇일까요?

1. 행함이 없는 믿음은 왜 죽은 믿음입니까? (약 2:14)

2. 야고보는 행함이 없는 믿음의 예로, 가난한 자가 부유한 자를 찾아가서 도움을 청했을 때 도움은 주지 않고 공허한 '위로의 말'만 늘어놓은 부유한 자를 예로 들고 있습니다. 이들이 하는 아무 유익이 없는 세 가지 말은 무엇입니까? (약 2:15-16)

3. 믿음을 행해서 의롭다 함을 얻은 두 사람의 예는 무엇입니까? (약 2:21-25)

   1) 약 2:21-24 :

   2) 약 2:25 :

믿음대로 행하라

1. "믿음으로 말미암아 구원을 받는다."는 사도 바울의 주장과 "행함이 없는 믿음은 그 자체가 죽은 것이다."라는 야고보의 주장은 어떻게 이해되어야 합니까? (롬 3:28; 약 2:26)

2. 믿음이 있노라 하고 그 믿음대로 행하지 않는 사람, 또는 말씀을 듣기만 하고 행하지 않는 사람은 자신을 속이는 사람입니다(약 1:22). 그렇다면 하나님 아버지 앞에서 온전한 믿음을 가진 사람이 실천해야 할 삶의 모습은 어떤 것입니까? (약 1:27)

3. 모든 사람은 오직 예수 그리스도를 믿는 믿음으로만 구원을 얻을 수 있는데, 그 믿음은 일상의 삶에서 드러나고 보여줄 수 있는 믿음이어야 합니다. 행함이 없는 믿음은 아무 유익도 없는 죽은 믿음이기 때문입니다. 그렇다면 당신은 기독교인으로서 믿음과 행동이 일치하는 삶을 살고 계십니까? 당신은 어떤 면에서 행함이 부족하고, 그 이유는 무엇입니까?

기독교인으로서 실천해야 할 것	내가 실천하지 못하는 것	이유
세속에 물들지 않는 구별된 삶		
어려운 이웃을 돌아보는 삶		

다음 글을 읽고 주어진 질문에 답해 봅시다.

빈곤계층을 위해 집을 짓는 해비타트 운동(Habitat for Humanity)은 기독교 정신에서 시작되었습니다. 벤처기업가로 20대 후반에 백만장자가 된 미국인 변호사 밀라드 풀러가 어느 날, 아내 린다로부터 이혼 통고를 받았습니다. "나는 돈과 결혼하지 않았어요." 그는 큰 충격을 받았습니다. 용서를 구하는 남편에게 독실한 기독교인인 아내가 부와 명예를 좇는 삶과 단절하라고 요구했습니다. 풀러도 아내를 사랑했고 가정을 지키고 싶었습니다. 그리고 부와 명예만 추구하다가 소홀히 했던 기독교인으로서의 자신의 삶에 다시 집중하고 싶었습니다. 그리하여 풀러 변호사는 1965년 전 재산을 헌납하고 봉사활동을 시작했습니다.

어느 날, 한 기독교 공동체의 공동 농장을 방문한 풀러 부부가 해비타트 운동의 모델이 된 협동주택사업에 참여하였습니다. 이 사업은 아메리쿠스 지역의 가난한 농부들에게 집을 지어주는 프로그램이었습니다. 마침 '네 손을 가난한 형제에게 펴서 그에게 필요한 대로 쓸 것을 넉넉히 꾸어주라(신 15:7-8절)'는 말씀에서 영감을 얻은 풀러 부부는 가난한 사람들에게 집을 지어주는 프로그램을 사회 운동으로 확대하기 위해 1976년 국제 해비타트 협회를 창설했습니다. 풀러는 2001년 출간된 저서 「망치의 신학」에서 "기독교에서 망치는 예수를 십자가에 못 박은 연장이지만, 해비타트의 망치는 행동하는 선이다."라고 말했습니다.

전 세계의 해비타트는 다음과 같은 공통된 사명(Mission)을 가지고 일을 합니다.
첫째, 해비타트 운동을 통해 예수 그리스도의 사랑과 가르침을 나타낸다.
둘째, 풍족한 사람과 부족한 사람들 사이에 서로 나누는 방법을 보여준다.
셋째, 지역사회의 모든 분야를 대표하는 사람들과 협력하여 활동한다.

넷째, 가장 절박한 가정을 먼저 선정하고, 선정에 있어 아무런 차별이 없게 한다.

다섯째, 소박하고 안락한 집을 자원봉사자와 함께 저렴하게 짓는다.

여섯째, 해비타트 주택은 무이자, 비영리로 공급하고 입주가정이 갚아나가는 회전기금은 오직 또 다른 집을 짓는 데에만 사용하여 더 많은 집을 짓는다.

현재 한국을 비롯한 전세계 79개국에서 1,700여 개 지회가 해비타트 운동을 실천하고 있습니다. 이 운동이 시작된 이래로 전세계 약 100만 명 이상의 무주택자들이 가족의 보금자리를 마련했습니다. 1992년에 시작된 한국 해비타트는 회원 3,000여명 이상이 그 정신을 이어 나가고 있습니다. 한 부부의 믿음의 결단을 통한 사랑의 실천이 세계 백만 명 이상의 사람들에게 희망을 가져다 준 것입니다.

1. 해비타트 운동은 기독교 신앙의 정신에서 시작되었습니다. 밀러드 풀러가 영감을 얻은 신명기 15장 7-8절의 말씀이 나에게 어떻게 다가옵니까?

2. 고린도전서 13장을 읽어 봅시다. 그리고 다음의 표를 바탕으로 믿음을 실천하는 사랑의 삶에 대한 당신의 다짐을 적어 봅시다. 나아가 이를 실천하기 위한 구체적인 방법도 적어 봅시다.

	세상과 구별되기	이웃사랑 실천하기
교회에서		
가정에서		
사회(직장)에서		

사랑하는 자들아 우리가 서로 사랑하자 사랑은 하나님께 속한 것이니 사랑하는 자마다 하나님으로부터 나서 하나님을 알고 사랑하지 아니하는 자는 하나님을 알지 못하나니 이는 하나님은 사랑이심이라 (요일 4:7-8)

결단의 기도 ....

거룩하신 하나님, 영원히 죽을 수밖에 없는 죄인인 제가 예수 그리스도를 믿는 믿음으로 구원받은 하나님의 백성이 되게 하시니 감사드립니다. 그러나 때때로 주님을 믿는다고 하면서도 세상 사람과 구별된 삶을 살지 못했고, 이웃 사랑을 실천하지 못했음을 고백하오니 용서하여 주옵소서. 이제 말로만 하는 믿음의 고백이나 말로만 외치는 사랑은 아무 유익도 없는 죽은 믿음임을 깨달았습니다. 믿음을 행함으로 의롭다함을 얻었던 아브라함과 같이 저도 믿음을 행하는 기독교인으로 살아가기를 원합니다. 세상 속에서 죄악 된 삶에 물들지 않고 세상과 구별된 삶을 살며, 그 삶 속에서 소외된 이웃들에게 주님의 사랑을 베풀며 살기를 원합니다. 주님, 저의 이기적인 마음과 연약한 마음을 성령의 능력으로 덧입혀 주시고 행동하는 기독교인으로 살아가게 하여 주옵소서. 예수님의 이름으로 기도합니다. 아멘.

MEMO

MEMO

MEMO

MEMO

MEMO

MEMO